MW01536367

Frédéric Berqué

Espumas, chantilly et Cie

Photographies de Jean Bono et Julie Mechali

Stylisme d'Emmanuel Renault et Isabelle Guerre

© Éditions First, 2011
Première édition : © Éditions First, 2008

Le Code de la propriété intellectuelle interdit les copies ou reproductions destinées
à une utilisation collective.
Toute représentation ou reproduction intégrale ou partielle faite par quelque
procédé que ce soit, sans le consentement de l'Auteur ou de ses ayants cause est
illicite et constitue une contrefaçon sanctionnée par les articles L335-2 et suivants
du Code de la propriété intellectuelle.

ISBN : 978-2-7540-2524-9
Dépôt légal : avril 2011
Photos © Jean Bono (excepté pages 15, 19, 23, 27, 31 : © Julie Mechali)
Direction éditoriale : Aurélie Starckmann
Édition : Audrey Bernard
Conception graphique : Istria
Pictogramme © Pascale Etchecopar
Imprimé en France par Pollina - L65695

Éditions First-Gründ
60, rue Mazarine
75006 Paris – France
e-mail : firstinfo@efirst.com
Site internet : www.editionsfirst.fr

Sommaire

Introduction

La cuisine contemporaine met en avant la légèreté et l'originalité dans la conception et la présentation des plats. Les mousses, les émulsions et les sauces moussantes sont légion, mais leur réalisation n'est pas toujours aisée. Heureusement, un outil formidable permet de remédier à ce problème : le siphon.

À l'origine, le siphon est un appareil utilisé pour la confection de la crème Chantilly. Le principe en est très simple : on verse de la crème liquide bien froide avec un peu de sucre dans cet appareil, on le ferme, puis on visse une cartouche de gaz. Il n'y a plus qu'à agiter et à presser le levier pour obtenir une chantilly parfaite.

En partant de ce principe, mais en agrémentant ou en remplaçant la crème par d'autres ingrédients, toutes sortes de mousses ou d'espumas (terme espagnol) peuvent naître d'un siphon. Dans ce livre vous trouverez des mousses sucrées, salées, aromatisées aux légumes, aux fruits, etc.

Principe général d'utilisation :

Mélangez ou mixez soigneusement votre préparation. Passez-la systématiquement au tamis. Remplissez le siphon, fermez-le, puis vissez une cartouche de gaz. Secouez énergiquement, puis laissez reposer 1 à 3 heures au réfrigérateur. Secouez une dernière fois avant l'utilisation. Pressez doucement le levier ou la douille du siphon pour laisser s'échapper l'espuma ou la mousse. Servez !

Quelques conseils pour bien utiliser un siphon :

- Goûtez puis filtrez systématiquement toutes vos préparations avant de les verser dans le siphon.
- Fermez correctement votre siphon avant d'y injecter le gaz, sinon celui-ci peut s'en échapper.
- Déposez votre siphon, à plat, au réfrigérateur.
- Secouez toujours le siphon avant de vous en servir pour bien répartir le gaz.
- Un siphon de 0,5 l convient largement pour des recettes de 4 ou 6 personnes.
- Si une recette nécessite deux cartouches, vissez la première, retirez-la, puis vissez la seconde.
- Ne versez jamais une préparation bouillante dans un siphon qui n'est pas prévu à cet effet (problème de joint).
- N'hésitez pas à utiliser le siphon directement à table, l'effet est garanti.
- Dégustez sans attendre : les mousses retombent peu à peu.

Le siphon est un outil moderne et bien pratique, que vous adopterez rapidement dans la réalisation de vos repas !

Gaufres de pommes de terre, mousse de saumon fumé

coût moyen • assez facile à réaliser • préparation : 25 min • réfrigération : 1 h • cuisson : 15 min • pour 4 personnes

1 petit mixeur plongeant
1 saladier - 1 gaufrier
1 tamis - 1 siphon de 0,5 l
1 cartouche de gaz

4 tranches de saumon fumé

4 pommes de terre (700 g)

2 œufs - 1 jaune d'œuf

60 g de crème fraîche épaisse

2 c. à s. de persil haché

sel - muscade

poivre du moulin

Pour la mousse de saumon :

80 g de saumon fumé

30 cl de crème liquide

1/2 citron

1 Dans le bol d'un petit mixeur plongeant, mixez le saumon fumé avec la crème liquide bien froide et le jus d'un demi-citron. Passez au tamis. Versez cette crème dans le siphon. Vissez 1 cartouche de gaz et laissez refroidir pendant 1 heure au réfrigérateur.

2 Épluchez et râpez les pommes de terre. Déposez-les aussitôt dans un saladier. Ajoutez les œufs, le jaune, la crème, le persil haché et l'assaisonnement. Mélangez et réservez quelques instants.

3 Chauffez le gaufrier. Répartissez soigneusement avec une fourchette la moitié des pommes de terre (soit 2 gaufres). Laissez cuire au moins 5 minutes. Sortez les gaufres. Recommencez l'opération pour l'autre moitié des pommes de terre sans utiliser le jus qui reste au fond du saladier.

4 Dressez les gaufres dans les assiettes. Déposez par-dessus une tranche de saumon fumé pliée en forme de vague. Agitez le siphon. Décorez avec la mousse et de l'aneth.

variante
Servez ces gaufres avec des petits pavés de saumon sautés à la poêle.

truc de cuisinier
Ne lavez surtout pas les pommes de terre râpées, car l'amidon s'échapperait et les gaufres n'auraient pas de tenue. Préparez vos gaufres à l'avance et réchauffez-les au four ou dans le gaufrier.

Papillote de merlan au basilic, sauce hollandaise siphonnée

coût moyen • assez facile à réaliser • préparation : 35 min • cuisson : 12 min • pour 4 personnes

4 assiettes
1 casserole
1 plaque à pâtisserie
1 siphon pour
préparations chaudes
2 cartouches de gaz
4 feuilles de papier
aluminium (40 x 30 cm)

4 filets de merlan
1 oignon rouge - 1 tomate
1 citron - 1 citron vert
8 crevettes bouquet
4 branches de thym
1 petit bouquet de basilic
4 cl d'huile d'olive
8 cl de vin blanc
sel - poivre du moulin

Pour la sauce hollandaise :
125 g de beurre
1/2 citron - 1 œuf
1 jaune d'œuf
sel - piment

1 Détaillez l'oignon rouge en fines rondelles. Coupez la tomate et le citron vert en quartiers. Pressez le jus du citron jaune. Découpez 4 feuilles d'aluminium (40 x 30 cm). Pour chacune d'elles, badigeonnez la partie gauche avec l'huile d'olive. Déposez dessus les filets de merlan enroulés sur eux-mêmes. Ajoutez un quartier de tomate, un quartier de citron vert, les rondelles d'oignon rouge, 2 crevettes, 1 branche de thym et quelques feuilles de basilic. Terminez la préparation en versant un peu de vin blanc et du jus de citron. Assaisonnez de sel fin et de poivre du moulin. Refermez la feuille d'aluminium et repliez 2 fois tous les bords sur eux-mêmes.

2 Placez délicatement les papillotes sur une plaque à pâtisserie. Laissez cuire 10 à 12 minutes dans un four préchauffé à 200 °C. La papillote est cuite lorsque vous entendez le jus de cuisson frémir.

3 Dans une petite casserole et au bain-marie faites fondre tout doucement le beurre avec le jus de citron. Hors du feu ajoutez le jaune, l'oeuf entier, le sel et le piment. Fouettez rapidement. Versez la sauce dans le siphon. Vissez 2 cartouches de gaz. Gardez le siphon au bain-marie sans jamais faire bouillir.

4 Servez les papillotes, à la sortie du four, accompagnées de sauce hollandaise.

variante

Aromatisez la sauce hollandaise avec un alcool, une liqueur ou un jus d'agrumes (pamplemousse ou orange sanguine).

truc de cuisinier

Versez la sauce directement au siphon dans les papillotes et devant les invités : effet garanti.

Noix de Saint-Jacques rôties, risotto et espuma de truffe

coût élevé • assez facile à réaliser • préparation : 35 min • cuisson : 25 min • pour 4 personnes

4 raviers - 4 petits verres
1 cocotte - 1 casserole
1 poêle - 1 siphon pour
préparations chaudes
2 cartouches de gaz

12 noix de Saint-Jacques

200 g de riz rond

1 oignon - 1 gousse d'ail

1 pincée de safran

10 cl de vin blanc

50 cl de bouillon de
volaille

50 g de parmesan râpé

8 cl de crème liquide

30 g de beurre

fleur de sel - cerfeuil

Pour l'espuma de truffe :

15 cl de fond de volaille

2 feuilles de gélatine

15 cl de crème liquide

2 cuil. à soupe d'huile
parfumée à la truffe

1 Faites bouillir le fond de volaille dans une casserole. Ajoutez la gélatine préalablement ramollie dans l'eau froide puis essorée. Ajoutez la crème puis l'huile de truffe. Rectifiez l'assaisonnement. Portez le tout à la limite de l'ébullition. Versez dans un siphon. Vissez 2 cartouches de gaz. Réservez au chaud.

2 Dans une cocotte faites chauffer 2 cuillerées à soupe d'huile d'olive. Faites suer un oignon et une gousse d'ail hachés. Ajoutez le riz sec et le safran, laissez suer encore 2 minutes (le riz doit être translucide). Incorporez le vin blanc. Faites cuire tout doucement, en remuant, jusqu'à évaporation du liquide. Ajoutez ensuite le bouillon de volaille, louche par louche. Laissez cuire en remuant jusqu'à la cuisson totale du riz. Terminez la cuisson en incorporant la crème fouettée puis le parmesan. Rectifiez l'assaisonnement.

3 Retirez le petit nerf (partie dure) des noix de Saint-Jacques. Dans une grande poêle, faites colorer au beurre, 1 minute par côté, les noix de Saint-Jacques. Assaisonnez-les de fleur de sel.

4 Répartissez le risotto dans les raviers. Déposez 3 noix de Saint-Jacques. Agitez puis versez l'espuma de truffe dans les verres. Décorez avec des pluches de cerfeuil.

variante
Terminez le dressage du plat avec quelques copeaux de truffes fraîches.

truc de cuisinier
Gardez le siphon, au chaud, au bain-marie à la limite de l'ébullition.

Brochettes de volaille à l'ananas, chantilly au curry

coût élevé • facile à réaliser • préparation : 20 min • réfrigération : 1 h • cuisson : 10 min • pour 4 personnes

4 assiettes - 4 raviers
4 pics à brochette
1 poêle - 1 saladier
1 fouet - 1 siphon de 0,5 l
1 cartouche de gaz

4 escalopes de poulet
2 tranches d'ananas frais
2 cuil. à soupe d'huile d'olive
herbes de Provence
sel fin
4 poignées de salade roquette

Pour la chantilly au curry :
20 cl de crème liquide
5 cl de sauce mayonnaise
2 pincées de curry
1 filet d'huile d'olive
1 pincée de sel

1 Préparez la chantilly : dans un saladier, versez la crème, la sauce mayonnaise, le curry et le sel. Fouettez pour rendre le mélange homogène. Versez le tout dans un siphon. Vissez 1 cartouche de gaz. Laissez reposer au frais pendant 1 heure.

2 Détaillez les escalopes en gros cubes de 50 g. Taillez les rondelles d'ananas en quartiers. Confectionnez 4 brochettes en alternant les cubes de volaille et les quartiers d'ananas. Assaisonnez d'herbes de Provence et de sel fin.

3 Faites chauffer de l'huile d'olive dans une poêle. Colorez et laissez cuire les brochettes pendant quelques minutes.

4 Agitez fortement le siphon et dressez la chantilly de curry en raviers individuels. Servez les brochettes aussitôt, accompagnées du ravier de chantilly et d'un petit bouquet de salade roquette.

Brochettes de lotte, chantilly de crustacés

coût élevé • facile à réaliser • préparation : 25 min • réfrigération : 1 h • cuisson : 8 min •
pour 4 personnes

4 raviers
4 pics à brochette
1 poêle
1 saladier
1 fouet
1 siphon de 0,5 l
1 cartouche de gaz

4 pavés de lotte
(150 g chacun)

8 tomates cerises

1 petit poivron vert

2 cuil. à soupe d'huile
d'olive

1 citron

1 citron vert

1 pincée d'origan

sel - poivre du moulin

Pour la chantilly
de crustacés :

100 g de bisque de
crustacés en conserve

15 cl de crème liquide

1 trait de cognac

poivre

1 Dans un saladier, versez la crème, la bisque, le trait de cognac et une pincée de poivre. Fouettez pour rendre le mélange homogène. Versez le tout dans un siphon. Vissez 1 cartouche de gaz. Laissez reposer au frais pendant 1 heure.

2 Détaillez chaque pavé de lotte en 3 cubes de 50 g. Découpez le poivron en 8 carrés de 3 cm de côté. Lavez les tomates cerises. Pressez le jus du citron. Taillez le citron vert en quartiers. Confectionnez 4 brochettes en alternant sur chacune d'elles 3 cubes de lotte, 2 tomates cerises et 2 morceaux de poivron. Arrosez-les d'un trait d'huile d'olive, de jus de citron, d'origan, de sel et de poivre. Laissez mariner quelques minutes.

3 Faites chauffer de l'huile d'olive dans une poêle. Colorez et laissez cuire les brochettes 2 minutes par face.

4 Agitez fortement le siphon et dressez la chantilly de crustacés en raviers individuels. Servez les brochettes aussitôt, accompagnées du ravier de chantilly et d'un quartier de citron vert.

Velouté de carottes à l'espuma d'orange coco

bon marché • facile à réaliser • préparation : 15 min • cuisson : 30 min • pour 4 personnes

4 tasses transparentes
1 casserole - 1 zesteur
1 mixeur plongeant
1 siphon de 0,5 l
1 cartouche de gaz

600 g de carottes

20 g de beurre

1 oignon - 1 orange bio

50 cl de bouillon
de volaille

5 cl de lait

10 cl de crème liquide

4 pluches de cerfeuil

sel

Pour l'espuma d'orange
coco :

10 cl de crème liquide

7 cl de lait de coco non
sucré

1 c. à s. de Grand Marnier®

1/2 orange

1 c. à s. d'huile - sel

1 Épluchez les carottes et l'oignon, émincez-les très finement. Dans une casserole, faites fondre le beurre. Ajoutez l'oignon émincé et laissez-le suer pendant 2 à 3 minutes. Ajoutez les carottes. Laissez-les suer de nouveau. Mouillez avec le bouillon de volaille et le lait. Portez le tout à ébullition et laissez frémir à couvert pendant 25 minutes.

2 Préparez l'espuma. Mélangez dans un saladier tous les ingrédients. Passez dans un tamis, puis versez le tout dans le siphon. Vissez 1 cartouche de gaz. Stockez le siphon, à plat, au réfrigérateur.

3 Vérifiez la cuisson des carottes en les goûtant. Ajoutez la crème liquide, puis le zeste et le jus de l'orange bio dans la soupe. Mixez à l'aide d'un petit mixeur plongeant. Rectifiez l'assaisonnement avec du sel et la consistance avec un peu de lait. Faites frémir à nouveau ce velouté.

4 Répartissez le velouté de carottes bien chaud dans les tasses. Agitez le siphon et complétez les tasses avec l'espuma orange coco. Décorez avec une pluche de cerfeuil et servez aussitôt.

variante
Servez à part quelques croûtons de pain relevés d'une pincée de curry.

truc de cuisinier
Servez le velouté brûlant avec l'espuma bien froid.

Mousse de concombre à la grecque

bon marché • trés facile à réaliser • préparation : 25 min • réfrigération : 2 h • pour 4 personnes

4 verres
1 mixeur plongeant
1 tamis - 1 siphon de 0,5 l
1 cartouche de gaz

1/2 concombre - sel fin

8 tomates cerises

quelques olives noires
et vertes dénoyautées

quelques dés de feta

2 c. à s. d'huile d'olive -
1 c. à s. de vinaigre de vin

poivre du moulin

basilic

**Pour la mousse
de concombre :**
1/2 concombre (150 g)
15 cl de crème liquide
1 yaourt nature
1 c. à s. d'huile d'olive
1 petite gousse d'ail
3 feuilles de menthe
1/2 citron - sel - poivre

1 Épluchez le concombre. Fendez-le en 2. Détaillez-en la moitié en petits dés et l'autre en gros cubes.

2 Déposez, dans le bol du mixeur plongeant, les cubes de concombre avec la crème, le yaourt, l'huile d'olive, la gousse d'ail, la menthe, le jus d'un demi-citron et le sel fin. Mixez et passez au tamis si nécessaire. Versez le tout dans le siphon. Vissez 1 cartouche de gaz. Réservez au frais pendant 2 heures.

3 Répartissez dans 4 verres les dés de concombre et de feta avec les tomates cerises coupées en quartiers et les olives grossièrement concassées. Assaisonnez avec un filet d'huile d'olive, un filet de vinaigre, du sel, du poivre et du basilic haché.

4 Agitez le siphon et répartissez la mousse dans les verres. Servez aussitôt.

variante

Pour une préparation plus douce, remplacez l'ail par de l'échalote et la menthe par de la ciboulette.

truc de cuisinier
Servez cette entrée avec du pain grillé ou des toasts.

Cappuccino de saint-jacques à l'anis

coût moyen • facile à réaliser • préparation : 25 min • cuisson : 20 min • pour 6 personnes

6 tasses à café (ou bols)
3 casseroles
1 siphon de 0,5 l
1 cartouche de gaz

10 noix de Saint-Jacques

300 g de moules de bouchot

3 échalotes

30 cl de vin blanc sec

400 g de bisque de homard en conserve

1 cuil. à soupe de cognac

10 cl de crème liquide

1 petit pot d'œufs de lump rouges

poivre du moulin

Pour la chantilly anisée :

25 cl de crème liquide

1 trait de pastis

1 pincée de sel

1 Grattez et lavez les moules de bouchot. Déposez-les dans une casserole avec 10 cl de vin blanc et 1 échalote émincée. Faites cuire à feu vif et à couvert pendant 5 à 6 minutes. Décoquillez les moules. Filtrez et réservez le jus de cuisson. Pour la chantilly, versez la crème liquide dans un siphon avec le pastis et le sel fin. Vissez 1 cartouche de gaz. Stockez le siphon bien à plat au réfrigérateur.

2 Faites frémir, dans une casserole, 20 cl de vin blanc avec 2 échalotes finement émincées. Déposez les noix de Saint-Jacques dans le vin bouillant et laissez cuire

30 secondes. Égouttez-les et coupez-les en 2 ou en 4, mélangez-les avec les moules décoquillées. Filtrez et réservez le jus de cuisson.

3 Dans une casserole, versez le jus de cuisson des moules et des saint-jacques. Portez le tout à ébullition. Incorporez la bisque, le cognac et la crème liquide. Faites frémir à nouveau. Poivrez généreusement.

4 Dressez la bisque bouillante avec les fruits de mer dans les tasses (ou bols). Déposez une belle rosace de chantilly anisée. Décorez avec les œufs de lump rouges.

variante

Ajoutez quelques petites crevettes décortiquées avec les fruits de mer.

truc de cuisinier

Décorez les cappuccinos avec une belle pluche d'aneth.

Chantilly de saumon fumé

coût élevé • facile à réaliser • préparation : 15 min • réfrigération : 2 h • pour 4 personnes

12 cuillères fantaisie
1 robot mixeur
1 tamis
1 siphon de 0,5 l
1 cartouche de gaz

une petite boîte d'œufs de saumon

quelques feuilles de roquette

2 cuil. à café d'huile d'olive

Pour la chantilly de saumon fumé :

120 g de saumon fumé

25 cl de crème liquide

1 pincée de piment

1 Hachez grossièrement le saumon fumé au couteau. Mixez-le, à l'aide d'un robot, avec 10 cl de crème.

2 Passez cette pâte au tamis (cette opération est assez laborieuse mais nécessaire), puis mélangez-la avec 15 cl de crème et la pincée de piment.

3 Versez le tout dans un siphon. Vissez 1 cartouche de gaz. Laissez reposer au frais pendant 2 heures.

4 Agitez le siphon. Répartissez la chantilly de saumon fumé dans des cuillères. Décorez avec un peu de roquette, l'huile d'olive et des œufs de saumon.

Tomate et chantilly de jambon blanc

coût moyen • facile à réaliser • préparation : 15 min • réfrigération : 2 h • pour 4 personnes

1 robot mixeur
1 grand tamis
1 siphon de 0,5 l
1 cartouche de gaz

8 petites tomates grappe

2 tranches de jambon

8 pluches de cerfeuil

1 cuil. à soupe de pavot

sel

Pour la chantilly de jambon blanc :

150 g de jambon blanc braisé au miel (3 tranches)

25 cl de crème liquide

1 cuil. à café de moutarde

1 filet d'huile d'olive

sel - poivre blanc

1 Hachez grossièrement le jambon blanc au couteau. Mixez-le, à l'aide d'un robot, avec la crème, la moutarde, l'huile d'olive et une pincée de sel et de poivre blanc. Passez au tamis cette crème (cette opération est assez laborieuse mais nécessaire). Versez le tout dans un siphon. Vissez 1 cartouche de gaz. Laissez reposer au frais 2 heures.

2 Coupez les tomates aux 3/4. Évidez-les délicatement avec une cuillère à melon. Salez puis retournez les tomates, quelques minutes, pour les faire dégorger. Réservez au frais. Émincez 2 tranches de jambon en lanières.

3 Agitez le siphon. Répartissez les lanières de jambon et la chantilly de jambon blanc dans les tomates.

4 Saupoudrez de pavot et décorez avec une pluche de cerfeuil.

Verrines de truite fumée, mousse de chèvre et roquette

coût moyen • facile à réaliser • préparation : 25 min • réfrigération : 30 min • pour 4 personnes

4 verrines
1 saladier
1 mixeur plongeant
1 siphon de 0,5 l
1 cartouche de gaz

4 tranches de truite fumée

50 g de cerneaux de noix

1 poignée de roquette

4 pincées de graines de pavot

Pour la mousse de chèvre :

20 cl de crème liquide

100 g de fromage de chèvre frais

2 cuil. à soupe de lait

1 cuil. à soupe d'huile d'olive

sel - piment d'Espelette

1 Émincez les tranches de truite en fines lanières. Concassez les noix. Dans les verrines, jusqu'à mi-hauteur, répartissez quelques feuilles de roquette, les lanières de truite et les noix concassées.

2 Dans un saladier, assouplissez le fromage de chèvre avec une fourchette. Versez par-dessus la crème liquide bien froide, l'huile d'olive, le lait, le sel, le piment. Mélangez rapidement et mixez

le tout à l'aide d'un mixeur plongeant jusqu'à l'obtention d'une crème lisse.

3 Versez cette crème dans le siphon. Vissez 1 cartouche de gaz. Laissez reposer le siphon, à plat, au réfrigérateur pendant 30 minutes.

4 Agitez le siphon. Complétez les verrines avec la mousse de chèvre. Décorez avec une pincée de graines de pavot.

variante
Ajoutez quelques gouttes de sauce vinaigrette avec les feuilles de roquette.

truc de cuisinier
Ne tassez pas les lanières de truite sur la roquette. Vos verrines seront plus jolies.

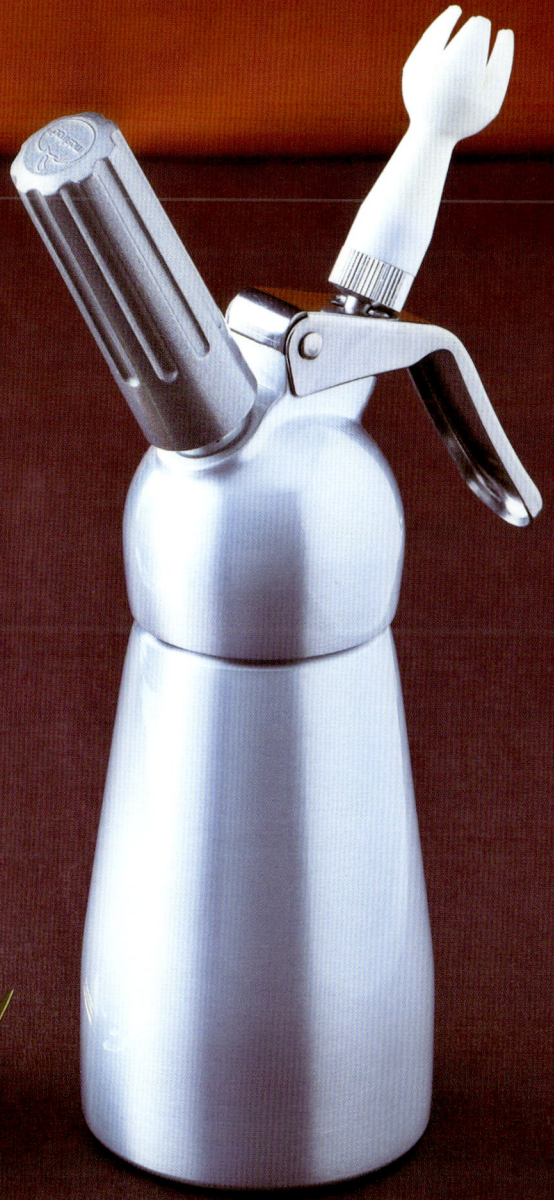

Huîtres tièdes, émulsion de pommes et calvados

coût élevé • assez facile à réaliser • préparation : 20 min • cuisson : 20 min • pour 4 personnes

4 assiettes
2 casseroles - 1 poêle
1 siphon pour
préparations chaudes
1 cartouche de gaz
1 tamis

12 huîtres creuses

3 pommes

1/2 citron

30 g de beurre

30 g de sucre

quelques pluches
de cerfeuil

Pour l'émulsion
de pommes et calvados :

10 cl de crème liquide

2 cuil. à café de calvados

1 cuil. à soupe d'huile

sel

1 Épluchez les pommes, citronnez-les et détaillez-les en très petits cubes réguliers. Faites-les sauter rapidement, dans une poêle, avec le beurre bien chaud. Saupoudrez légèrement de sucre. Laissez à peine caraméliser. Débarrassez la moitié des cubes de pommes dans un bol. Laissez bien compoter le reste avec un peu d'eau et de sucre.

2 Ouvrez les huîtres, dégagez-les de leur coquille. Rincez-les à l'eau froide et réservez-les au frais. Filtrez et réservez l'équivalent de 10 cl de jus d'huîtres. Gardez 12 coquilles creuses.

3 Dans une casserole, versez le jus filtré et déposez les huîtres. Portez le tout à la limite de l'ébullition. Sortez aussitôt les huîtres cuites et réservez-les. Dans une autre casserole, versez la crème liquide, le calvados, les pommes compotées et une pincée de sel fin. Faites frémir et mixez le tout à l'aide d'un mixeur plongeant. Passez cette crème bouillante au tamis fin et versez-la dans le siphon. Vissez 1 cartouche de gaz, agitez et réservez le tamis à température ambiante.

4 Dans chaque coquille d'huître, déposez 1 huître tiède et quelques dés de pommes sautés. Agitez le siphon et complétez les coquilles avec l'émulsion au calvados. Décorez avec le cerfeuil. Servez aussitôt.

variante

Quelques dés de chorizo mélangés aux dés de pommes apporteront une touche d'originalité à la recette.

truc de cuisinier

Faites bouillir les coquilles d'huîtres pendant 10 à 15 minutes dans un grand volume d'eau pour bien les nettoyer.

Verrines de concombre à la mousse de tarama

coût moyen • facile à réaliser • préparation : 20 min • réfrigération : 1 h • pour 4 personnes

4 verrines
2 saladiers
1 siphon de 0,5 l
1 cartouche de gaz
1 tamis fin

1 petit concombre

1 cuil. à soupe de
moutarde à l'ancienne

1 cuil. à soupe d'huile
d'olive

1/2 citron vert

80 g de dés de feta

quelques feuilles
de menthe

1 petit bocal d'œufs
de lump rouges

sel

Pour la mousse
de tarama :

80 g de tarama

15 cl de crème liquide

1 cuil. à soupe d'huile
d'olive - 1/2 citron

sel

1 Épluchez le concombre et détaillez-le en petits dés réguliers. Mélangez-les dans un saladier avec l'huile d'olive, la moutarde, le jus du citron vert, quelques feuilles de menthe hachée et du sel fin. Ajoutez quelques petits dés de feta. Laissez reposer 1 heure au frais.

2 Dans un saladier, versez le tarama avec la crème liquide, l'huile d'olive, quelques gouttes de jus de citron et une pincée de sel fin. Mélangez en fouettant et passez cette crème au tamis fin. Versez le tout dans un siphon. Vissez 1 cartouche de gaz et secouez bien. Conservez le siphon dans le réfrigérateur.

3 Répartissez les concombres préalablement égouttés à mi-hauteur des verrines. Ajoutez une petite couche d'œufs de lump rouges.

4 Secouez bien le siphon. Complétez délicatement les verrines avec la mousse de tarama. Servez aussitôt.

variante
Ajoutez un peu de surimi râpé avec les dés de concombre.

truc de cuisinier
Donnez plus de couleur à votre tarama en ajoutant quelques gouttes de colorant rose ou rouge.

Aspic de saumon et mousse de poivron rouge

coût moyen • assez facile à réaliser • préparation : 25 min • réfrigération : 3 h • cuisson : 40 min • pour 4 personnes

4 verres
1 casserole
1 poêle
1 mixeur
1 tamis
1 siphon de 0,5 l
1 cartouche de gaz

250 g de filet de saumon sans peau

1 citron

80 cl de gelée au madère

50 g d'œufs de lump noirs

1 petite botte de ciboulette - gros sel

Pour la mousse de poivron rouge :

1 petit poivron rouge

1 c. à s. d'huile d'olive

25 cl de crème liquide

sel

1 Découpez le filet de saumon en dés réguliers de 1,5 cm de côté. Faites bouillir, dans une grande casserole, 3 l d'eau salée et citronnée. Déposez les cubes de saumon dans cette eau bouillante. Retirez du feu, mettez un couvercle et laissez cuire 10 à 15 minutes. Égouttez les dés de saumon et réservez-les au frais.

2 Préparez 80 cl de gelée au madère. Hachez l'équivalent de 2 cuillerées à soupe de ciboulette. Réservez quelques brins pour le décor. Émincez finement le poivron rouge. Faites-le suer doucement à l'huile d'olive, dans une petite poêle, pendant 20 à 25 minutes. Mixez le poivron avec la crème, salez et passez au tamis. Versez cette crème dans le siphon. Vissez 1 cartouche de gaz et laissez refroidir pendant 2 heures au réfrigérateur.

3 Déposez au fond des verres 1 bonne cuillerée à café d'œufs de lump (réservez-en une petite partie pour le décor). Versez dessus de la gelée à peine tiède sur une hauteur de 1 cm. Laissez prendre au frais. Ajoutez les dés de saumon, la ciboulette hachée. Versez le reste de la gelée, ne dépassez pas les 3/4 du verre. Laissez prendre 2 heures au frais.

4 Agitez le siphon, terminez le verre avec la mousse de poivron. Décorez avec quelques brins de ciboulette et les œufs de lump.

variante
Améliorez votre aspic avec quelques dés de concombre, des pointes d'asperges, des œufs de caille, des crevettes...

truc de cuisinier
Retirez les parties grises des cubes de saumon après cuisson en les grattant avec une cuillère.

Crevettes sautées basquaise et mousse de lait à l'armagnac

coût élevé • facile à réaliser • préparation : 20 min • cuisson : 25 min • pour 4 personnes

4 mini-cocottes
1 cocotte - 1 casserole
1 siphon de 0,5 l
1 cartouche de gaz

350 g de crevettes moyennes décortiquées

1 poivron rouge - 1 poivron vert

1 oignon - 10 cl de coulis de tomates

2 c. à s. d'huile d'olive

1 gousse d'ail

20 g de beurre - 1 c. à s. d'huile

sel - piment d'Espelette

Pour la mousse de lait à l'armagnac :

10 cl de lait entier - 10 cl de crème liquide

2 c. à s. d'armagnac

1 c. à s. d'huile - sel

1 Détaillez les poivrons en petits dés. Hachez l'ail et l'oignon. Dans une cocotte, faites revenir l'oignon haché puis les dés de poivron dans l'huile bien chaude. Ajoutez l'ail, le coulis de tomates et l'assaisonnement. Laissez cuire cette garniture basquaise tout doucement pendant 10 à 15 minutes et à couvert.

2 Dans une petite casserole, faites frémir le lait avec la crème, l'armagnac, l'huile et le sel fin. Versez le tout bien bouillant dans un siphon. Vissez 1 cartouche de gaz. Secouez bien. Conservez le siphon à température ambiante.

3 Laissez fondre une noisette de beurre et un filet d'huile dans une casserole. Faites revenir rapidement les crevettes dans cette matière grasse chaude avec une pincée de sel et de piment d'Espelette. Répartissez la garniture basquaise, puis les crevettes bien chaudes dans les mini-cocottes.

4 Secouez bien le siphon. Complétez les cocottes avec la mousse de lait à l'armagnac sur au moins une hauteur de 2 cm. Servez aussitôt.

variante

Ajoutez quelques fines lanières de jambon de Bayonne avec les crevettes sautées.

truc de cuisinier

Servez rapidement la mousse de lait : sa tenue dans le temps est assez limitée.

Avocat, crabe et mousse de céleri

coût élevé • facile à réaliser • préparation : 35 min • cuisson : 10 min • réfrigération : 2 h • pour 4 personnes

4 verres de cuisine
1 casserole - 1 saladier
1 mixeur plongeant
1 tamis - 1 siphon de 0,5 l
1 cartouche de gaz

3 avocats - 1/2 citron

120 g de chair de crabe

2 c. à s. de mayonnaise

1 petit-suisse - sel

1 c. à s. de fines herbes hachées

1 petit pot d'œufs de lump rouges

4 pluches de cerfeuil

Pour la mousse de céleri :

150 g de céleri râpé

10 cl de lait - 15 cl de crème liquide

le jus d'1 citron - 2 c. à s. de mayonnaise

1 c. à c. de moutarde

1 c. à s. d'huile d'olive - sel de céleri

1 Plongez le céleri dans une casserole remplie d'eau bouillante salée pendant 10 minutes. Égouttez puis pressez le céleri. Laissez refroidir. Dans le bol d'un mixeur plongeant, versez le céleri, le lait, la crème, la mayonnaise, l'huile d'olive et le jus de citron. Mixez, rectifiez l'assaisonnement avec une pincée de sel de céleri. Passez cette crème au tamis, puis versez-la dans le siphon. Vissez 1 cartouche de gaz. Réservez au frais pendant 2 heures.

2 Dans un petit saladier, mélangez la chair de crabe émiettée avec la mayonnaise, le petit-suisse, les fines herbes, le jus de citron et le sel fin. Réservez au frais. Détaillez la chair des avocats en petits dés réguliers.

3 Répartissez les dés d'avocats dans les verres. Ajoutez une couche de crabe puis une fine couche d'œufs de lump rouges.

4 Agitez le siphon, puis dressez la mousse de céleri dans les verres. Décorez avec une pluche de cerfeuil.

variante

Accompagnez cette entrée avec des toasts ou du pain grillé.

☙ truc de cuisinier

Taillez les dés d'avocats à la dernière minute et citronnez-les légèrement pour qu'ils conservent une belle couleur verte.

Toasts de pain d'épices et chantilly de roquefort

coût moyen • facile à réaliser • préparation : 15 min • réfrigération : 2 h • pour 4 personnes

1 plat
1 emporte-pièce
1 robot mixeur
1 tamis
1 siphon de 0,5 l
1 cartouche de gaz

1 pain d'épices tranché

quelques noix et des brins de ciboulette

Pour la chantilly de roquefort :

100 g de roquefort

25 cl de crème liquide

2 cuil. à café d'huile d'olive

1 Mixez avec un robot la crème, l'huile d'olive et le roquefort. Passez cette crème au tamis. Versez le tout dans un siphon. Vissez 1 cartouche de gaz. Laissez reposer au frais pendant 2 heures.

2 Concassez grossièrement les noix et hachez la ciboulette.

3 Toastez quelques tranches de pain d'épices au grille-pain pendant quelques secondes. Détaillez des ronds de 4 cm de diamètre ou des formes variées à l'aide d'un emporte-pièce.

4 Agitez le siphon. Répartissez la chantilly de roquefort sur les toasts de pain d'épices. Décorez avec les noix et la ciboulette. Dressez les toasts dans un plat.

Asperges sauce mousseline

coût élevé • facile à réaliser • préparation : 15 min • réfrigération : 1 h • cuisson : 10 min •
pour 4 personnes

1 plat
4 raviers
1 serviette blanche
1 fouet
1 grande casserole
1 saladier
1 siphon de 0,5 l
2 cartouches de gaz

1,3 kg d'asperges
violettes

gros sel

Pour la sauce
mousseline :

1 œuf

10 cl d'huile

10 cl de crème liquide

1/2 citron ou 1 cuil. à café
de vinaigre

sel

1 Dans un saladier, versez l'huile, la crème, un œuf entier, le jus d'un demi-citron ou 1 cuillerée à café de vinaigre de vin et une pincée de sel fin. Fouettez pour rendre le mélange homogène. Versez le tout dans un siphon. Vissez 2 cartouches de gaz. Laissez reposer au frais pendant 1 heure.

2 Épluchez soigneusement les asperges en partant de la pointe. Coupez-les à la même hauteur, puis ficelez-les en 2 bottes. Faites bouillir un grand volume d'eau salée. Plongez les bottes dans l'eau bouillante et laissez cuire 8 à 10 minutes.

3 Égouttez les asperges encore chaudes, retirez la ficelle puis déposez-les sur un plat recouvert d'une serviette blanche.

4 Agitez fortement le siphon et dressez la sauce en raviers individuels.

Chutney d'abricots et mousse de foie gras

coût élevé • facile à réaliser • préparation : 25 min • cuisson : 20 min • réfrigération : 24 h • pour 12 cuillères

4 verres - 1 casserole
1 râpe à zeste - 1 verrine
1 mixeur plongeant
1 siphon de 0,5 l
1 cartouche de gaz

12 abricots - 4 pruneaux
4 figues sèches - 1 orange
2 c. à s. de raisins secs
4 cl de vinaigre de Xérès
6 cl de vin rouge
30 g de sucre - 1 citron
1 c. à c. de cannelle
1 pincée de piment
1 pincée de gingembre

Pour la mousse
de foie gras :
100 g de foie gras
de canard mi-cuit
12 cl de crème liquide -
sel - poivre
12 pluches de cerfeuil
miettes de pain d'épices

1 Versez le vinaigre, le vin rouge et le sucre dans une casserole. Portez le tout à ébullition.

2 Détaillez les abricots et les fruits secs en petits dés. Lavez puis prélevez le zeste des agrumes. Versez tous les fruits dans la réduction. Ajoutez la cannelle, le zeste d'orange et de citron, la pincée de piment et la pincée de gingembre. Laissez cuire, à feu doux, jusqu'à l'obtention d'une confiture assez épaisse. Débarrassez le chutney dans une verrine. Réservez au frais au moins 24 heures.

3 Découpez le foie gras en gros dés. Mixez-le avec la crème liquide, une pincée de sel et de poivre. Versez dans le siphon. Vissez 1 cartouche de gaz. Réservez au frais pendant 1 heure.

4 Répartissez le chutney au fond des verres. Agitez le siphon et déposez une belle rosace de mousse de foie gras. Décorez avec des pluches de cerfeuil et des miettes de pain d'épices ou de spéculoos.

variante
Quelques mirabelles peuvent agrémenter le chutney.

truc de cuisinier
Remuez régulièrement le chutney pour éviter qu'il attache à la casserole.

Crème moussante d'avocat, crevettes marinées et piment d'Espelette

coût moyen • facile à réaliser • préparation : 25 min • réfrigération : 1 h • pour 4 personnes

4 verrines - 1 tamis
1 robot mixeur
1 siphon de 0,5 l
1 cartouche de gaz

4 belles crevettes bouquet entières

1 avocat - 100 g de crevettes décortiquées

1 citron vert

1 c. à s. d'huile d'olive

1 petit bouquet d'aneth

sel - piment d'Espelette

quelques tranches de pain grillées

Pour la crème moussante d'avocat :

2 avocats - 1/2 citron

10 cl de crème liquide

1 c. à s. d'huile d'olive

60 g de ricotta - sel

1 yaourt nature

1 Mixez, à l'aide d'un robot mixeur, la chair de 2 avocats avec la crème liquide, la ricotta, le yaourt, le jus de citron, l'huile d'olive et une pincée de sel. Passez soigneusement au tamis. Versez cette crème, assez épaisse, dans le siphon. Vissez 1 cartouche de gaz. Réservez au frais.

2 Détaillez la chair d'un avocat en petits dés. Mélangez-les avec les crevettes décortiquées, le jus d'un citron vert, l'aneth haché, l'huile d'olive et une pincée de sel fin.

3 Répartissez ces crevettes marinées dans 4 verrines. Laissez reposer au frais quelques minutes.

4 Agitez le siphon, puis dressez la crème d'avocat dans les verrines. Décorez avec une crevette entière, des brins d'aneth et saupoudrez d'une pincée de piment d'Espelette. Accompagnez les verres de tranches de pain grillées.

variante

Remplacez plus simplement la ricotta par de la crème.

truc de cuisinier

Le piment d'Espelette est une épice très forte et puissante, utilisez-la avec parcimonie.

Mousse d'asperges vertes et tortillons au gruyère

coût moyen • facile à réaliser • préparation : 30 min • cuisson : 25 min • réfrigération : 2 h • pour 4 personnes

4 verres
1 casserole
1 mixeur plongeant
1 tamis
1 siphon de 0,5 l
1 cartouche de gaz
1 plaque à pâtisserie
du papier sulfurisé

250 g de pâte feuilletée préétalée
1 jaune d'œuf
100 g de gruyère râpé

Pour la mousse d'asperges vertes :
16 asperges vertes
20 cl de crème liquide
1 feuille de gélatine
1 c. à c. de moutarde
1 c. à s. d'huile d'olive
sel

1 Épluchez soigneusement les asperges. Gardez-en 4 entières pour la décoration. Découpez les autres en trois. Trempez la feuille de gélatine dans un grand volume d'eau froide.

2 Plongez les asperges dans une casserole remplie d'eau bouillante salée et laissez cuire pendant 10 minutes. Diluez la gélatine essorée avec 5 cl d'eau bien chaude issue de la cuisson des asperges. Égouttez les asperges, réservez les 4 entières. Dans le bol d'un mixeur plongeant, déposez les asperges découpées encore tièdes et la gélatine diluée. Mixez. Ajoutez la crème liquide, l'huile d'olive et la moutarde. Mixez de nouveau, rectifiez l'assaisonnement avec le sel fin. Passez cette crème au tamis, puis versez-la dans le siphon. Vissez 1 cartouche de gaz. Réservez au frais pendant 2 heures.

3 À l'aide d'un pinceau, badigeonnez de jaune d'œuf mélangé avec un peu d'eau la pâte feuilletée. Répartissez dessus le gruyère et faites-le adhérer à la pâte avec le bout des doigts. Découpez avec un couteau ou une roulette des bandes de pâte de 12 cm de long sur 1 cm de large. Vrillez-les, puis déposez-les sur une plaque à pâtisserie recouverte de papier sulfurisé. Faites cuire les tortillons dans un four préchauffé à 210 °C pendant 10 minutes.

4 Agitez le siphon, puis dressez la mousse d'asperges dans les verres. Déposez une asperge entière, pointe en l'air, dans chaque verre. Accompagnez les verres avec les tortillons au gruyère.

variante
Parsemez la pâte feuilletée avec du sésame ou du pavot.

truc de cuisinier
Passez les tortillons crus quelques minutes au congélateur, ils auront ensuite une meilleure tenue à la cuisson.

Velouté de tomates, espuma de basilic

coût peu élevé • facile à réaliser • préparation : 20 min • cuisson : 25 min • réfrigération : 1 h • pour 4 personnes

4 tasses transparentes
1 casserole
1 siphon de 0,5 l
1 mixeur plongeant
1 cartouche de gaz
1 tamis

4 grosses tomates bien mûres

1 cuil. à soupe d'huile d'olive

1 oignon

2 gousses d'ail

2 cuil. à soupe de concentré de tomate

40 g de farine

20 cl de crème liquide

80 cl de bouillon de volaille

Pour l'espuma de basilic :

quelques feuilles de basilic

1 cuil. à soupe d'huile d'olive

25 cl de crème liquide

sel

1 Dans le bol d'un mixeur plongeant, versez la crème liquide, l'huile d'olive, 2 à 3 feuilles de basilic et une pincée de sel. Mixez, passez au tamis. Versez le tout dans le siphon. Vissez 1 cartouche de gaz et laissez reposer au moins 1 heure au réfrigérateur.

2 Coupez les tomates en quartiers, supprimez les pépins, puis concassez grossièrement la chair au couteau. Émincez l'oignon. Hachez l'ail.

3 Faites revenir, dans une grande casserole, l'oignon et la tomate concassée avec l'huile d'olive. Ajoutez l'ail, le concentré de tomate puis la farine. Versez le bouillon de volaille. Portez à ébullition et laissez cuire à couvert 25 minutes. Surveillez et remuez régulièrement la soupe pour éviter qu'elle attache. Mixez, crémez et rectifiez l'assaisonnement.

4 Répartissez la soupe dans les tasses. Agitez le siphon, puis dressez l'espuma de basilic à la manière d'une chantilly. Servez aussitôt. Terminez avec une petite feuille de basilic.

Velouté de chou-fleur au curry, chantilly verte

coût peu élevé • trés facile à réaliser • préparation : 15 min • cuisson : 25 min • pour 4 personnes

4 tasses transparentes
1 casserole
1 petit mixeur plongeant
1 tamis fin
1 siphon de 0,5 l
1 cartouche de gaz

1 chou-fleur
1 grosse pomme de terre
1 l de bouillon de volaille
10 cl de crème liquide
1 cuil. à café de curry
quelques brins
de ciboulette

Pour la chantilly verte :
20 cl de crème liquide
2 cuil. à soupe de fines herbes hachées
1 cuil. à soupe d'huile d'olive
sel

1 Lavez et détachez les sommités du chou-fleur. Épluchez la pomme de terre et coupez-la en 6.

2 Dans une casserole, versez le bouillon de volaille et ajoutez les cubes de pomme de terre. Portez à ébullition. Ajoutez 500 g de sommités de chou-fleur et laissez frémir, à couvert, pendant 20 à 25 minutes. Hors du feu, versez la crème et le curry. Mixez et rectifiez l'assaisonnement.

3 Mixez rapidement tous les ingrédients de la chantilly verte. Passez le tout au tamis fin. Versez cette crème verte dans le siphon. Vissez 1 cartouche de gaz. Réservez le siphon au réfrigérateur.

4 Versez le potage bien chaud dans les tasses. Agitez le siphon. Décorez avec une belle et généreuse rosace de chantilly verte. Terminez la décoration avec la ciboulette hachée. Servez aussitôt.

Petits moelleux au chocolat et mousse caramel

coût moyen • facile à réaliser • préparation : 30 min • réfrigération : 2 h • cuisson : 10 à 12 min • pour 4 personnes (12 pièces)

4 assiettes

4 petits verres

2 casseroles

2 saladiers

1 moule en plastique souple de 12 petits fours de 5 ou 7 cm de diamètre

1 siphon de 0,5 l

1 cartouche de gaz

80 g de chocolat noir

70 g de beurre

80 g de sucre

2 œufs

40 g de farine (+ 20 g de beurre fondu pour les moules)

Pour la mousse caramel :

10 cl de crème liquide

100 g de mascarpone

6 bâtons de caramel

1 jaune d'œuf

1 Faites frémir la crème dans une petite casserole. Ajoutez les bâtons de caramel et laissez fondre. Dans un saladier, mélangez le mascarpone et la crème au caramel refroidie. Lissez bien avec un fouet.

2 Dans un siphon, versez cette crème au caramel. Vissez 1 cartouche. Agitez et laissez reposer au moins 2 heures au réfrigérateur.

3 Faites fondre le chocolat et le beurre au bain-marie. Dans un saladier, blanchissez les œufs et le sucre. Incorporez la farine, puis le mélange beurre et chocolat fondu.

Lissez rapidement avec un fouet. Versez cette pâte, aux 3/4, dans les petits moules préalablement beurrés. Laissez cuire dans un four à 180 °C pendant 10 à 12 minutes. Laissez tiédir 1 minute, puis démoulez les petits moelleux. Réservez au frais.

4 Agitez fortement le siphon. Dressez une belle rosace de mousse au caramel sur chaque petit moelleux au chocolat ou versez directement la mousse dans un petit verre en guise d'accompagnement.

variante

Garnissez ou accompagnez vos moelleux avec la mousse de tiramisu.

truc de cuisinier

Réduisez un peu le temps de cuisson des moelleux : mi-cuits, ils sont encore meilleurs.

Cornets craquants
en espuma d'ananas

coût peu élevé • assez facile à réaliser • préparation : 12 à 15 min • réfrigération : 2 h •
cuisson : 5 min • pour 4 personnes

4 assiettes
2 casseroles
1 siphon de 0,5 l
1 cartouche de gaz

2 feuilles de brick rondes
30 g de beurre
1 c. à s. de sucre glace
1 c. à s. de pavot
4 tranches d'ananas frais
2 c. à s. de cassonade
quelques feuilles
de menthe
10 cl de coulis
de framboises

Pour l'espuma d'ananas :
25 cl de jus d'ananas
1 c. à s. de sucre
2 feuilles de gélatine
2 traits de rhum
10 cl de crème liquide

1 Faites fondre le beurre dans une casserole. Badigeonnez les feuilles de brick, au pinceau, avec le beurre fondu. Saupoudrez de sucre glace et de pavot. Coupez les feuilles en 2. Enroulez-les de manière à obtenir 4 cônes. Maintenez-les avec un cure-dents. Faites cuire les cônes 12 à 15 minutes dans un four à 190 °C. Laissez refroidir.

2 Faites ramollir les feuilles de gélatine dans de l'eau froide. Dans une casserole, portez à la limite de l'ébullition le jus d'ananas avec le sucre et le rhum. Ajoutez la gélatine essorée. Mélangez bien. Laissez tiédir, puis ajoutez la crème.

Versez la préparation dans le siphon. Vissez 1 cartouche de gaz. Laissez refroidir au moins 2 heures au frais à l'horizontale.

3 Taillez les tranches d'ananas frais en très petits dés et faites-les mariner au frais quelques minutes avec la cassonade et des feuilles de menthe hachées.

4 Agitez le siphon, puis garnissez les cornets avec l'espuma d'ananas. Déposez-les dans les assiettes. Décorez avec une ligne de dés d'ananas marinés, un trait de coulis de framboises et une feuille de menthe.

variante

Faites caraméliser des tranches fraîches d'ananas, servez-les tièdes avec les cornets garnis d'espuma d'ananas, un trait de coulis de framboises et une boule de glace à la vanille.

truc de cuisinier

Choisissez un jus d'ananas de qualité pour un maximum de saveur.

Crème d'oranges sanguines, brioche et mousse à la cannelle

coût moyen • facile à réaliser • préparation : 35 min • cuisson : 5 min • réfrigération : 1 h • pour 4 personnes

4 verres

1 casserole

1 fouet électrique

1 siphon de 0,5 l

1 cartouche de gaz

3 oranges sanguines

1 c. à s. de fécule de maïs

2 œufs - 120 g de sucre

50 g de beurre

3 oranges sanguines

4 tranches de brioche épaisse

Pour la mousse à la cannelle :

20 cl de crème liquide

80 g de fromage blanc à 40 %

1 cuil. à café de sucre glace

1 cuil. à café de cannelle

1 Pelez à vif 2 oranges et prélevez les suprêmes. Pressez le jus d'une 3ᵉ orange. Détaillez 4 ronds épais de brioche de même diamètre que les verres. Déposez-les au fond des verres, ajoutez les suprêmes d'orange. Versez le jus pour imbiber les brioches. Réservez au frais.

2 Lavez soigneusement 3 oranges. Prélevez le jus et le zeste. Versez le tout dans une petite casserole avec la fécule de maïs, les œufs et le sucre. Fouettez à la main ou au fouet électrique. Ajoutez le beurre en parcelles. Faites cuire cette crème à feu doux, en la remuant constamment à l'aide d'un fouet, jusqu'à ce qu'elle épaississe.

3 Versez la crème d'oranges dans les verres et laissez bien refroidir.

4 Mélangez la crème liquide bien froide avec le fromage blanc, le sucre glace et la cannelle. Rectifiez le sucre et la cannelle si nécessaire. Versez cette crème dans un siphon. Vissez 1 cartouche de gaz. Laissez reposer au frais pendant 1 heure. Agitez le siphon. Terminez les verres avec la mousse de cannelle.

variante

Corsez la crème d'oranges avec un trait de liqueur à l'orange.

truc de cuisinier

Choisissez de grosses oranges pour couper les suprêmes.

Mousse de marrons et copeaux de chocolat

coût peu élevé • très facile à réaliser • préparation : 15 min • réfrigération : 1 h • pour 4 personnes

4 mugs
1 casserole
1 robot mixeur
1 tamis
1 siphon de 0,5 l
1 cartouche de gaz

150 g de crème
de marrons

10 cl de lait entier

1 gousse de vanille

20 cl de crème liquide

1/2 tablette de chocolat
noir

1 cuil. à soupe de cacao
amer

1 Fendez la gousse de vanille en 2. Récupérez les graines avec la lame d'un couteau. Confectionnez des copeaux de chocolat en râpant la tablette avec un couteau Économe.

2 Versez le lait dans une petite casserole. Ajoutez les graines de vanille et la crème de marrons. Portez doucement à ébullition. Mixez, tamisez, puis laissez refroidir.

3 Mélangez, à l'aide d'un petit fouet, cette crème de marrons avec la crème liquide bien froide. Versez le tout dans le siphon. Vissez 1 cartouche de gaz et laissez reposer au moins 1 heure au réfrigérateur.

4 Agitez le siphon, puis dressez la mousse de marrons dans des mugs. Décorez avec du cacao amer et des copeaux de chocolat

Velours de mangue

coût peu élevé • trés facile à réaliser • préparation : 25 min • cuisson : 15 min • réfrigération : 2 h • pour 4 personnes

4 verrines en ellipse
1 casserole
1 robot mixeur
1 tamis
1 siphon de 0,5 l
1 cartouche de gaz

2 belles mangues

15 cl de crème liquide

**5 cl de sirop de canne
ou 50 g de sucre**

1 feuille de gélatine

**1 cuil. à soupe
de Cointreau**

1 citron vert

2 fruits de la passion

1 Épluchez les mangues, détaillez l'une en gros cubes et l'autre en petits dés. Faites ramollir la gélatine dans l'eau froide.

2 Dans une casserole, faites bouillir 15 cl d'eau avec le sirop de canne et le Cointreau. Ajoutez les cubes de mangue et laissez frémir 10 à 15 minutes selon la maturité du fruit. Ajoutez la gélatine égouttée et mélangez bien. Laissez refroidir, puis mixez le tout avec la crème liquide. Passez cette purée au tamis.

3 Versez la purée de mangue dans le siphon. Vissez 1 cartouche de gaz. Laissez reposer au frais 2 heures.

4 Prélevez la pulpe des fruits de la passion avec une petite cuillère. Répartissez les dés de mangue et la pulpe passion arrosés du jus d'un citron vert au fond des verrines. Agitez le siphon, puis complétez les verrines avec la mousse de mangue.

Crumble de cerises en écume de vanille

bon marché • facile à réaliser • préparation : 30 min • réfrigération : 1 h • cuisson : 20 min • pour 4 personnes

4 coupes à glace
1 poêle - 1 plat à tarte
1 saladier - 1 fouet
1 siphon de 0,5 l
1 cartouche de gaz

300 g de cerises noires

3 c. à s. de sucre

1/2 citron - 2 cuil. à soupe de crème de cassis

70 g de beurre

60 g de cassonade

60 g de farine - 60 g d'amandes en poudre

4 boules de sorbet cassis

Pour l'écume de vanille :

100 g de fromage blanc à la vanille

25 cl de crème liquide entière

1 cuil. à café de sucre glace

1/2 gousse de vanille

1 cuil. à café d'extrait liquide de vanille

1 Fendez la demi-gousse de vanille en 2. Grattez l'intérieur avec la lame d'un couteau pour en récupérer les graines. Versez la crème liquide dans un saladier. Ajoutez le fromage blanc, le sucre glace, l'extrait et les graines de vanille. Fouettez et versez le tout dans un siphon. Vissez 1 cartouche de gaz. Réservez au frais pendant 1 heure.

2 Préchauffez le four à 160 °C. Mélangez du bout des doigts le beurre avec la cassonade, la farine et la poudre d'amandes. Émiettez ce crumble sur un plat à tarte et laissez-le cuire au four pendant 15 minutes sans trop de coloration. Laissez-le refroidir.

3 Dans une poêle, versez le sucre et le jus du demi-citron. Laissez cuire puis colorer quelques minutes. Ajoutez les cerises (réservez 4 cerises pour le décor) dans le caramel clair puis la crème de cassis et laissez cuire 2 minutes. Réservez les cerises tièdes et le jus de cuisson.

4 Répartissez les cerises tièdes et un peu de jus dans les coupes à glace. Ajoutez les boules de sorbet, puis le crumble émietté. Agitez le siphon, puis dressez l'écume de vanille à la manière d'une chantilly. Décorez avec une cerise.

variante
Remplacez le sucre glace par du sirop de canne.

truc de cuisinier
Pour obtenir un jus de cerise plus épais, ajoutez un peu de confiture de cerises.

Riz au lait en espuma de melon

bon marché • assez facile à réaliser • préparation : 30 min • cuisson : 25 min • réfrigération : 3 h • pour 4 personnes

4 verres - 2 casseroles
1 saladier
1 robot mixeur - 1 tamis
1 cuillère à melon (billes)
1 siphon de 0,5 l -
2 cartouches de gaz

70 g de riz - 40 g de sucre
40 cl de lait entier
1 cuil. à café de Cointreau
1 jaune d'œuf
15 cl de crème liquide
1 cuil. à café de sucre glace

Pour l'espuma de melon :
1 gros melon de Cavaillon
1 cuil. à soupe de sirop
de canne
2 feuilles de gélatine
10 cl de crème liquide

Pour le dressage :
1 melon de Cavaillon
2 fruits de la passion

1 Déposez le riz dans une casserole et mouillez-le à hauteur d'eau froide. Portez le tout à ébullition pendant 1 minute. Rafraîchissez le riz à l'eau courante, puis égouttez-le.

2 Faites bouillir le lait avec le Cointreau et 40 g de sucre dans une casserole. Ajoutez le riz en pluie et remuez-le jusqu'à la reprise de l'ébullition. Laissez cuire tout doucement pendant 20 minutes en remuant de temps en temps. Ajoutez le jaune d'œuf et mélangez bien. Mettez le riz au frais pendant 30 minutes. Fouettez la crème liquide avec 1 cuillerée à café de sucre glace. Incorporez délicatement cette chantilly dans le riz au lait. Garnissez les verres aux 2/3.

3 Dans un grand volume d'eau, faites ramollir les feuilles de gélatine. Faites bouillir 8 cl d'eau avec le sirop de canne. Ajoutez la gélatine essorée, mélangez et réservez. Mixez 350 g de chair de melon. Ajoutez le sirop et la crème. Mélangez de nouveau, sucrez si nécessaire et passez l'ensemble au tamis. Versez dans un siphon. Vissez 2 cartouches de gaz. Laissez reposer au frais pendant 3 heures.

4 Dans le second melon, prélevez des billes. Coupez les fruits de la passion en 2 et récupérez la pulpe. Répartissez cette pulpe et les billes dans les verres. Agitez le siphon et complétez avec l'espuma de melon.

variante
Ajoutez quelques fruits confits dans le riz au lait.

truc de cuisinier
Façonnez une douzaine de jolies billes dans les deux melons, puis prélevez l'équivalent de 350 g de chair pour préparer l'espuma.

Mousse au café, poire et chocolat

coût moyen • facile à réaliser • préparation : 20 min • réfrigération : 1 h • cuisson : 3 min • pour 4 personnes

4 verres (ou bols)
1 casserole
1 saladier
1 siphon de 0,5 l
1 cartouche de gaz

4 poires williams

100 g de chocolat noir

quelques grains de café chocolatés

quelques tuiles aux amandes

Pour la mousse au café :

30 cl de crème liquide

5 cl de sirop de canne

quelques gouttes d'extrait de café

1 cuil. à soupe de Bailey's® (facultatif)

1 Mélangez dans un saladier la crème liquide avec le sirop de canne, quelques gouttes d'extrait de café et le Bailey's®. Rectifiez la couleur et la saveur café en ajoutant encore quelques gouttes d'extrait de café. Versez dans un siphon. Vissez 1 cartouche et réservez au frais.

2 Épluchez les poires. Coupez-les en 2 ou en 4 selon leur taille et celle des verres. Supprimez le cœur.

3 Dans une casserole et au bain-marie, faites fondre tout doucement 100 g de chocolat noir. Ajoutez 8 cl d'eau (ou de lait) tiède. Fouettez pour lisser la sauce chocolat.

4 Collez 1 ou 2 morceaux de poire contre la paroi du verre. Versez un peu de sauce chocolat au fond. Agitez légèrement le siphon. Répartissez la mousse au café dans les verres (ou bols). Décorez avec les grains de café chocolatés. Servez les verres aussitôt avec quelques tuiles aux amandes.

variante

Servez la mousse seule, dans une tasse, en accompagnement d'un bon café.

truc de cuisinier

Si les poires sont trop dures, faites-les cuire quelques minutes dans un sirop peu sucré.

Pancake, sirop d'érable et chantilly de myrtilles

coût peu élevé • facile à réaliser • préparation : 15 min • cuisson : 20 min • réfrigération : 2 h • pour 4 personnes

1 saladier - 1 tamis
1 poêle à blinis
1 mixeur plongeant
1 siphon de 0,5 l
1 cartouche de gaz

50 cl de lait - 3 œufs
300 g de farine
1 sachet de levure chimique
20 g de sucre
60 g de beurre fondu
10 cl d'huile
sirop d'érable

Pour la chantilly
de myrtilles :
30 cl de crème liquide
1 c. à s. de sirop de sucre
de canne
2 c. à s. de myrtilles
fraîches ou surgelées
1 c. à s. de gelée de
myrtille

1 Mixez, à l'aide d'un mixeur plongeant, la crème avec les myrtilles, la gelée et le sirop de sucre de canne. Passez au tamis. Versez la crème dans un siphon. Vissez 1 cartouche de gaz. Laissez reposer au frais pendant 2 heures.

2 Dans un saladier, versez le lait, puis la farine, la levure, le sucre, les œufs. Mixez le tout avec un mixeur plongeant. Laissez reposer au frais pendant 30 minutes.

3 Incorporez le beurre fondu à la pâte. Faites chauffer de l'huile dans une poêle à blinis. Versez un peu de pâte. Laissez cuire 1 minute (des petites bulles apparaissent à la surface), retournez le blinis et faites-le cuire de nouveau 1 minute. Répétez l'opération jusqu'à épuisement de la pâte.

4 Dressez les blinis avec une rosace de crème de myrtilles et un trait de sirop d'érable.

truc de cuisinier
Vous pouvez faire 3 ou 4 blinis en même temps dans une grande poêle.

Gaufres craquantes, chantilly de fruits rouges

coût peu élevé • facile à réaliser • préparation : 15 min • cuisson : 15 min • réfrigération : 2 h • pour 4 personnes (10 gaufres)

2 saladiers

1 casserole

1 gaufrier

1 robot mixeur

1 tamis

1 siphon de 0,5 l

1 cartouche de gaz

25 cl de lait

2 morceaux de sucre

10 g de levure de boulanger

250 g de farine

2 œufs

80 g de beurre fondu

1 trait de rhum

1 pincée de sel fin

Pour la chantilly de fruits rouges :

30 cl de crème liquide

1 c. à s. de sucre glace ou de sucre de canne

3 c. à s. de coulis de fruits rouges

Pour le décor :

quelques fruits rouges

1 Mixez à l'aide d'un mixeur plongeant la crème avec le coulis de fruits rouges et le sucre glace ou le sirop de sucre de canne. Passez au tamis. Ajoutez un peu de sucre si nécessaire. Versez la crème dans un siphon. Vissez 1 cartouche de gaz. Laissez reposer au frais 2 heures.

2 Dans un petit saladier, versez 10 cl de lait tiède, 2 morceaux de sucre et la levure de boulanger. Mélangez et laissez reposer 15 minutes ce levain. Dans un grand saladier, disposez la farine en fontaine. Ajoutez au centre les œufs, le beurre fondu, le lait restant (15 cl), le levain, le rhum et une pincée de sel. Délayez avec un petit fouet jusqu'à l'obtention d'une pâte fluide. Laissez reposer la pâte au moins 2 heures. Surveillez de temps en temps.

3 Faites cuire les gaufres dans le gaufrier.

4 Servez les gaufres avec des rosaces de chantilly de fruits rouges. Décorez facultativement avec quelques fruits rouges.

Espuma de banane caramélisée au rhum

coût peu élevé • trés facile à réaliser • préparation : 15 min • réfrigération : 2 h • cuisson : 5 min • pour 4 personnes

4 tasses transparentes
1 grande poêle
1 casserole
1 petit mixeur plongeant
1 tamis - 1 siphon de 0,5 l
1 cartouche de gaz

4 bananes

3 c. à s. de cassonade

40 g de beurre

2 c. à s. de rhum brun

20 cl de lait

2 feuilles de gélatine

10 cl de crème liquide

4 boules de glace
chocolat ou rhum/raisin

quelques cacahuètes
caramélisées
(chouchous) ou
nougatine écrasée

1 Épluchez les bananes, fendez-les en 2, puis coupez-les encore en 2. Dans une grande poêle, faites mousser 40 g de beurre. Déposez les morceaux de banane, saupoudrez de sucre cassonade et laissez caraméliser légèrement des deux côtés. Arrosez de rhum. Réservez 8 beaux morceaux de banane pour le décor.

2 Dans une petite casserole, faites tiédir le lait, puis ajoutez la gélatine préalablement ramollie et essorée. Ajoutez le reste de banane flambée, puis la crème. Versez aussi le jus de cuisson. Mixez soigneusement, puis passez au tamis.

3 Versez cette crème de banane dans un siphon. Vissez 1 cartouche de gaz. Laissez refroidir pendant au moins 2 heures au réfrigérateur.

4 Dans une tasse, déposez une boule de glace, puis placez 2 morceaux de banane caramélisée contre la paroi. Agitez le siphon, puis terminez de remplir le verre avec l'espuma de banane caramélisée. Décorez avec un peu de cacahuètes caramélisées ou de la nougatine écrasée.

variante
Ajoutez quelques raisins secs macérés au rhum à la fin de la cuisson des bananes.

truc de cuisinier
Faites tiédir le lait au four micro-ondes, ajoutez la gélatine et mixez tous les ingrédients directement dans le bol du petit mixeur plongeant.

Crème au chocolat et mousse à la menthe

coût moyen • assez facile à réaliser • préparation : 25 min • réfrigération : 2 h • cuisson : 5 min • pour 4 personnes

4 verres - 2 casseroles
1 saladier - 1 tamis
1 siphon de 0,5 l
1 cartouche de gaz

1 feuille de gélatine
15 cl de lait
10 cl de crème liquide
2 jaunes d'œufs
30 g de sucre
120 g de chocolat noir

Pour la mousse à la menthe :
20 cl de crème liquide
3 feuilles de menthe
1 c. à s. de sirop de menthe
1 c. à s. de sirop de canne

Pour le décor :
feuilles de menthe

1 Ramollissez la feuille de gélatine en la trempant dans l'eau froide. Cassez le chocolat en morceaux.

2 Faites frémir, dans une casserole, 15 cl de lait avec 10 cl de crème. Dans un saladier, fouettez les 2 jaunes d'œufs avec 30 g de sucre, puis versez le lait bouillant dessus. Faites cuire de nouveau cette crème, 1 à 2 minutes dans une casserole, jusqu'à ce qu'elle épaississe légèrement, sans jamais la faire bouillir. Ajoutez, hors du feu, la feuille de gélatine essorée et le chocolat. Lissez bien au fouet. Disposez la crème dans les verres.

3 Dans une casserole, faites tiédir 10 cl de crème. Ajoutez les 3 feuilles de menthe. Retirez du feu et laissez refroidir, puis filtrez la crème avec un tamis. Dans un siphon, versez la crème à la menthe, les sirops et 10 cl de crème liquide. Vissez 1 cartouche. Agitez et laissez reposer au moins 2 heures au réfrigérateur.

4 Agitez le siphon. Décorez les coupes de crème au chocolat avec la mousse à la menthe. Présentez avec des feuilles de menthe.

variante
Déposez quelques griottines égouttées au fond des verres avant de verser la crème au chocolat.

truc de cuisinier
Utilisez la même casserole pour faire bouillir le mélange lait/crème et pour faire cuire la crème au chocolat, mais prenez soin de la laver entre les deux opérations.

Tiramisu léger, compote de figues fraîches

coût moyen • facile à réaliser • préparation : 20 min • réfrigération : 2 h • cuisson : 10 min • pour 4 personnes

4 verres
1 casserole
1 saladier
1 siphon de 0,5 l
1 cartouche de gaz

12 figues fraîches

20 g de beurre

1 c. à s. de cassonade

6 spéculoos

cacao amer

Pour la mousse tiramisu :

150 g de mascarpone

2 jaunes d'œufs

1 c. à s. de sirop de canne ou 2 sachets de sucre vanillé

10 cl de crème liquide

1 c. à s. d'amaretto ou de marsala

1 Coupez les figues en 4. Faites fondre le beurre dans une casserole. Ajoutez les figues puis le sucre et laissez compoter doucement pendant 10 minutes. Laissez refroidir. Concassez grossièrement les spéculoos. Répartissez la compote de figues dans les verres sur 1/3 de la hauteur. Saupoudrez de spéculoos. Réservez au frais.

2 Dans un saladier, mélangez avec un petit fouet les jaunes d'œufs, le sirop de canne, l'amaretto et le mascarpone. Lissez bien le tout, puis incorporez la crème liquide.

3 Dans un siphon, versez cette crème de tiramisu. Vissez 1 cartouche. Agitez et laissez reposer au moins 2 heures au réfrigérateur.

4 Agitez le siphon. Terminez les verres avec la mousse de tiramisu. Saupoudrez de cacao amer. Servez aussitôt.

variante
Servez plus simplement la mousse de tiramisu dans une coupe avec de la glace au café.

truc de cuisinier
N'hésitez pas à remplir complètement le verre de mousse de tiramisu, celle-ci est très légère.

Verrines roses aux framboises

coût moyen • très facile à réaliser • préparation : 15 min • cuisson : 1 min • réfrigération : 1 h • pour 4 personnes

4 verrines
1 casserole
1 petit mixeur plongeant
1 tamis fin
1 siphon de 0,5 l
1 cartouche de gaz

1 barquette de framboises
8 biscuits roses de Reims
30 g de sucre

Pour la mousse rose :

150 g de mascarpone

2 jaunes d'œufs

2 cuil. à soupe de sirop de grenadine

2 sachets de sucre vanillé

10 cl de crème liquide

quelques gouttes de colorant rouge

1 Dans un saladier, mélangez avec un petit fouet les jaunes d'œufs et le sucre vanillé. Incorporez la grenadine, le colorant, le mascarpone et la crème liquide. Lissez bien avec le fouet. Passez délicatement le tout au tamis.

2 Versez cette crème bien rose dans un siphon. Vissez 1 cartouche de gaz. Agitez et laissez reposer au moins 1 heure au réfrigérateur.

3 Faites frémir dans une casserole 8 cl d'eau avec le sucre. Laissez refroidir. Découpez les biscuits roses en 3 ou 4. Imbibez-les de sirop. Répartissez-les au fond des verrines. Ajoutez jusqu'à mi-hauteur les framboises.

4 Agitez le siphon. Complétez les verrines avec la mousse rose. Servez aussitôt.

Lassi de pêches rôties au miel

coût peu élevé • facile à réaliser • préparation : 15 min • cuisson : 5 min • réfrigération : 1 h • pour 2 personnes

2 grands tumblers
2 pailles
1 poêle
1 saladier
1 mixeur plongeant
1 tamis
1 siphon de 0,5 l
1 cartouche de gaz

150 g de yaourt nature brassé

2 pêches jaunes bien mûres

2 cuil. à soupe de miel liquide

1/2 citron

1 Coupez les pêches en 4 morceaux en conservant la peau. Supprimez les noyaux.

2 Dans une poêle, faites chauffer le miel liquide avec le jus de citron. Déposez les quartiers de pêches et laissez cuire doucement quelques minutes en enrobant régulièrement les fruits du jus de cuisson. Laissez refroidir.

3 Dans un saladier, mixez, à l'aide d'un mixeur plongeant, les pêches avec le jus de cuisson, le yaourt et 10 cl d'eau glacée. Passez au tamis. Rectifiez la saveur en sucre si nécessaire. Versez le lassi dans un siphon. Vissez 1 cartouche de gaz et laissez refroidir au moins 1 heure au réfrigérateur.

4 Agitez le siphon et versez le lassi bien moussant dans les 2 verres. Ajoutez 1 paille et servez aussitôt.

Mousse citron au yaourt et lemon curd

coût moyen • facile à réaliser • préparation : 20 min • réfrigération : 2 h • cuisson : 5 min • pour 4 personnes

4 verres
1 casserole
2 saladiers
1 siphon de 0,5 l
1 cartouche de gaz

7 cl de sirop de citron
2 yaourts nature
10 cl de crème liquide
2 feuilles de gélatine
quelques feuilles de menthe

Pour le lemon curd :
3 citrons
1 cuil. à soupe de fécule de maïs
2 œufs
120 g de sucre
60 g de beurre

1 Lavez soigneusement les citrons. Prélevez le jus et un peu de zeste. Versez le tout dans une petite casserole avec la fécule de maïs, les œufs et le sucre. Fouettez, puis ajoutez le beurre en parcelles. Faites cuire cette crème, à feu doux, en la remuant constamment, à l'aide d'un fouet, jusqu'à ce qu'elle épaississe. Déposez-la dans les verres sur 1/3 de la hauteur. Réservez au frais.

2 Faites tremper 2 feuilles de gélatine dans un grand volume d'eau. Versez le sirop de citron dans un saladier et chauffez-le 20 secondes au four micro-ondes. Faites dissoudre la gélatine essorée dans le sirop chaud. Ajoutez les yaourts et la crème. Lissez bien avec un fouet.

3 Dans un siphon, versez cette mousse de citron. Vissez 1 cartouche. Agitez et laissez reposer au moins 2 heures au réfrigérateur.

4 Agitez le siphon. Complétez les verres avec la mousse de citron. Décorez avec quelques feuilles de menthe.

variante
Parfumez la mousse de yaourt avec un sirop d'orange, de citron vert ou de mandarine.

truc de cuisinier
Renforcez le goût des préparations au citron en ajoutant un trait de limoncello, la fameuse liqueur de citron italienne.

Millefeuille à la pistache

coût moyen • un peu difficile à réaliser • préparation : 35 min • réfrigération : 3 h • cuisson : 12 min • pour 4 personnes

1 casserole - 1 tamis
1 plaque à pâtisserie antiadhésive
2 saladiers - 4 ramequins
1 siphon de 0,5 l
1 cartouche de gaz

Pour les tuiles dentelle :

80 g de sucre

40 g d'amandes effilées grossièrement concassées

30 g de farine

le jus d'1/2 orange

30 g de beurre fondu

Pour la mousse de pistache :

25 cl de lait - 50 g de sucre

2 jaunes d'œufs

15 g de farine (1 c. à s. rase)

20 cl de crème liquide - 30 g de pâte de pistaches

Pour le décor :

10 cl de coulis de framboises - quelques pistaches concassées

1 Préchauffez le four à 220 °C. Réunissez dans un petit saladier les amandes, le sucre, la farine, le jus d'orange et le beurre fondu. Mélangez avec une fourchette. Laissez reposer 1 heure au frais. Sur une plaque à pâtisserie antiadhésive, étalez avec le dos d'une cuillère l'appareil à tuiles de manière à obtenir, au moins, 8 disques de 8 cm de diamètre. Laissez cuire 5 à 6 minutes. Décollez les disques à la sortie du four. Laissez refroidir.

2 Faites bouillir 25 cl de lait dans une casserole. Dans un saladier, mélangez 2 jaunes d'œufs avec 50 g de sucre et 15 g de farine. Versez dessus le lait bouillant, mélangez

et faites cuire à feu doux jusqu'à épaississement. Laissez tiédir. Ajoutez la pâte de pistaches et la crème liquide bien froide. Lissez avec un fouet et passez au tamis.

3 Dans un siphon, versez cette crème de pistache. Vissez 1 cartouche. Agitez et laissez reposer au moins 3 heures au réfrigérateur.

4 Agitez très fortement le siphon. Déposez 8 tuiles dentelle. Garnissez-les avec la mousse de pistache. Assemblez-les deux par deux en millefeuille. Saupoudrez-les de pistaches concassées. Ajoutez, autour, des traits de coulis de framboises.

variante

Remplacez la pâte de pistaches par une liqueur ou un alcool de fruit. Pour plus de rapidité, vous pouvez aussi utiliser des tuiles que l'on trouve dans le commerce.

truc de cuisinier

Dès que les tuiles sont colorées sur les côtés, sortez-les du four. Laissez-les reposer 1 minute pour les raffermir et décollez-les rapidement avec une spatule.

Tulipes de fraises

coût moyen • un peu difficile à réaliser • préparation : 30 min • réfrigération : 2 h • cuisson : 6 min • pour 4 personnes

4 assiettes
1 casserole - 2 saladiers
1 plaque à pâtisserie antiadhésive
4 gros ramequins
1 siphon de 0,5 l
1 cartouche de gaz

250 g de fraises
sucre (facultatif)
4 feuilles de menthe

Pour les tulipes :

50 g de farine

80 g de sucre glace

2 c. à s. de lait - 1 blanc d'œuf

30 g de beurre fondu

Pour la mousse au mascarpone :

150 g de mascarpone

1 jaune d'œuf

2 sachets de sucre vanillé

10 cl de crème liquide - 1 c. à c. d'extrait de vanille

1 Dans un saladier, mélangez avec un petit fouet le jaune d'œuf, le sucre vanillé et le mascarpone. Lissez bien le tout, puis incorporez la crème liquide. Dans un siphon, versez cette crème de mascarpone. Vissez 1 cartouche. Agitez et laissez reposer au moins 2 heures au réfrigérateur.

2 Dans un saladier, mélangez avec un petit fouet 50 g de farine avec 80 g de sucre glace, 2 cuillerées à soupe de lait, 1 blanc d'œuf et 30 g de beurre fondu. Étalez, à l'aide d'une cuillère, sur une plaque à pâtisserie antiadhésive, 4 disques de 12 cm de diamètre de cet appareil à tulipes. Laissez cuire 6 minutes, jusqu'à une légère coloration, dans un four à 220 °C. Moulez immédiatement les tulipes dans 4 gros ramequins. Laissez refroidir.

3 Découpez les fraises en 2 ou en 4, saupoudrez-les éventuellement de sucre.

4 Répartissez les fraises dans les tulipes. Agitez le siphon et ajoutez la mousse de mascarpone. Décorez avec la menthe. Servez aussitôt.

variante
Badigeonnez, au pinceau, de chocolat noir fondu le fond des tulipes : elles seront plus résistantes à l'humidité.

truc de cuisinier
Les disques d'appareil à tulipes durcissent très vite à la sortie du four. Il faut aussitôt les démouler avec une spatule et les appliquer dans les ramequins pour qu'ils prennent la forme d'une coupole ou d'une tulipe.

Poires, spéculoos et mousse de réglisse

coût peu élevé • trés facile à réaliser • préparation : 15 min • cuisson : 5 min • réfrigération : 3 h • pour 4 personnes

4 verres en ellipse
1 petite casserole
1 tamis
1 siphon de 0,5 l
1 cartouche de gaz

3 poires pas trop mûres
1 paquet de spéculoos

Pour la mousse de réglisse :
2 rouleaux de réglisse (40 g)
20 cl de lait
15 cl de crème liquide
1 cuil. à soupe de sirop de canne

1 Dans une petite casserole, portez doucement à ébullition le lait et les rouleaux de réglisse déroulés, pendant 2 à 3 minutes. Mélangez régulièrement. Ajoutez la crème et le sirop de canne, mélangez de nouveau (les rouleaux resteront partiellement fondus). Passez le tout au tamis et versez-le dans le siphon. Vissez 1 cartouche de gaz et laissez reposer 3 heures au réfrigérateur.

2 Épluchez et taillez les poires en petits dés. Concassez grossièrement quelques biscuits spéculoos.

3 Répartissez dans les verres, en les alternant, 2 couches de dés de poires et 2 fines couches de spéculoos.

4 Agitez le siphon et complétez les verres avec la mousse de réglisse.

Griottines et mousse au miel façon crème brûlée

coût moyen • facile à réaliser • préparation : 15 min • réfrigération : 2 h • pour 4 personnes

4 verres en ellipse
1 saladier
1 chalumeau
1 siphon de 0,5 l
1 cartouche de gaz

1 bocal de griottines
4 cuil. à café de sucre cassonade

Pour la mousse au miel :

200 g de mascarpone

2 jaunes d'œufs

2 cuil. à soupe de miel liquide

10 cl de crème liquide

1 Dans un saladier, mélangez avec un petit fouet les jaunes d'œufs, le miel liquide et le mascarpone.

2 Lissez bien le tout, puis incorporez la crème liquide. Dans un siphon, versez cette crème de miel. Vissez 1 cartouche. Agitez et laissez reposer au moins 2 heures au réfrigérateur.

3 Égouttez les griottines et répartissez-les au fond des verres. Agitez le siphon et complétez les verres, à ras bord, avec la mousse au miel.

4 Saupoudrez de sucre cassonade et caramélisez rapidement avec un chalumeau.

truc de cuisinier

La caramélisation doit être rapide et très superficielle, car la mousse risque de s'affaisser sous la chaleur.

Tatin de mirabelles, macaron et mascarpone

coût moyen • assez facile à réaliser • préparation : 25 min • réfrigération : 2 h • cuisson : 5 min • repos : 2 h • pour 4 personnes

4 verres
1 saladier
1 poêle antiadhésive
1 siphon de 0,5 l
1 cartouche de gaz

400 g de mirabelles fraîches ou au sirop

1 citron

40 g de sucre

5 cl d'eau-de-vie de mirabelle

une douzaine de petits macarons colorés

Pour la mousse au mascarpone :

150 g de mascarpone

1 jaune d'œuf

2 sachets de sucre vanillé

10 cl de crème liquide

1 Dans un saladier, mélangez avec un petit fouet le jaune d'œuf, le sucre vanillé et le mascarpone. Lissez bien le tout, puis incorporez la crème liquide. Dans un siphon, versez cette crème de mascarpone. Vissez 1 cartouche. Agitez et laissez reposer au moins 2 heures au réfrigérateur.

2 Dans une grande poêle antiadhésive, saupoudrez de sucre et pressez quelques gouttes de citron. Laissez doucement caraméliser. Ajoutez les mirabelles et enrobez-les de caramel. Arrosez d'eau-de-vie. Réservez les mirabelles.

3 Coupez les macarons en 4 ou en 6. Émiettez-en 1 ou 2 pour la finition.

4 Répartissez les mirabelles au fond des verres. Ajoutez les morceaux de macarons. Agitez le siphon et terminez avec la mousse de mascarpone. Saupoudrez de miettes de macarons.

variante

Remplacez les mirabelles par des prunes ou des quetsches.

truc de cuisinier

Servez les mirabelles tièdes, la couche de macarons permettant de les isoler de la mousse froide au mascarpone.

Pain perdu de pain d'épices, confiture d'abricots et chantilly de coing

coût bon marché • facile à réaliser • préparation : 20 min • cuisson : 15 min • réfrigération : 1 h • pour 4 personnes

2 saladiers - 4 assiettes
1 poêle antiadhésive
1 grille - 1 tamis
1 siphon de 0,5 l
1 cartouche de gaz

8 tranches de pain d'épices - 2 œufs

30 cl de lait

1 petit pot de confiture d'abricots

2 c. à s. de cassonade

20 g de beurre

1 c. à s. d'huile

Pour la chantilly de coing :
30 cl de crème liquide
3 c. à s. de gelée de coing

1 Mélangez dans un saladier la crème liquide et la gelée de coing avec un petit fouet. Passez l'ensemble au tamis. Versez dans un siphon. Vissez 1 cartouche de gaz. Laissez reposer au frais pendant 1 heure.

2 Dans un saladier, fouettez le lait, les œufs et la cassonade. Déposez-y les tranches de pain d'épices et laissez-les s'imbiber. Égouttez-les sur une grille.

3 Faites chauffer l'huile et le beurre dans une poêle. Dorez les tranches de pain d'épices sur chaque face pendant quelques minutes.

4 Répartissez un peu de confiture d'abricots sur le pain perdu encore chaud. Agitez fortement le siphon et dressez des rosaces de chantilly de coing.

variante
Parfumez la chantilly avec une gelée d'orange.

truc de cuisinier
Pour une présentation encore plus soignée, détaillez les tranches de pain d'épices avec un emporte-pièce.

Vacherin glacé siphonné

coût bon marché • facile à réaliser • préparation : 15 min • cuisson : 2 min • réfrigération : 3 h • pour 4 personnes

4 coupes
1 saladier
1 mixeur plongeant
1 tamis
1 siphon de 0,5 l
1 cartouche de gaz

4 boules de glace vanille
12 petites meringues
quelques framboises

Pour la mousse de framboises :

350 g de framboises fraîches ou surgelées

3 cuil. à soupe de sucre

1 cuil. à soupe de liqueur de framboises (facultatif)

2 feuilles de gélatine

10 cl de crème liquide

1 Dans un grand volume d'eau, faites ramollir les feuilles de gélatine. Faites bouillir 8 cl d'eau avec le sucre et la liqueur. Ajoutez la gélatine essorée, mélangez et réservez.

2 Mixez 350 g de framboises dans le bol du mixeur plongeant. Ajoutez le sirop et la crème. Mixez de nouveau. Sucrez si nécessaire et passez l'ensemble au tamis. Versez dans un siphon. Vissez 1 cartouche de gaz. Laissez reposer au frais pendant 3 heures.

3 Au moment de servir, disposez dans les coupes la moitié des meringues préalablement cassées en gros morceaux. Ajoutez 1 boule de glace vanille et quelques framboises, puis de nouveau des morceaux de meringues.

4 Agitez bien le siphon et complétez les coupes avec la mousse de framboises.

variante
Remplacez la glace vanille par de la glace aux fraises ou aux fruits rouges.

truc de cuisinier
Si vous utilisez des framboises surgelées pour la mousse, décongelez-les au four micro-ondes sans trop les chauffer et sucrez-les un peu plus.

Crème anglaise siphonnée au chocolat

coût peu élevé • trés facile à préparer • préparation : 5 min • cuisson : 1 min • réfrigération : 2 h • pour 6 personnes

4 petits verres
1 casserole
1 tamis
1 siphon de 0,5 l
1 cartouche de gaz

100 g de chocolat noir

25 cl de crème anglaise en brique

8 cl de lait

30 g de beurre

1 Dans une petite casserole, versez le lait et le chocolat noir découpé en carrés. Portez tout doucement le lait à ébullition. Ajoutez le beurre. Fouettez l'ensemble hors du feu jusqu'à l'obtention d'une sauce chocolat lisse et brillante. Laissez refroidir.

2 Mélangez, à l'aide d'un petit fouet, la crème anglaise et la sauce chocolat. Passez au tamis.

3 Versez le tout dans le siphon. Vissez 1 cartouche de gaz et laissez reposer 2 heures au réfrigérateur.

4 Agitez le siphon, puis dressez la mousse au chocolat dans les verres.

Crème anglaise siphonnée, mousse de framboises

coût peu élevé • facile à réaliser • préparation : 10 min • cuisson : 2 min • réfrigération : 2 h • pour 6 personnes

4 petits tumblers
1 casserole
1 tamis
1 siphon de 0,5 l
1 cartouche de gaz

100 g de framboises fraîches

Pour la mousse de framboises :

25 cl de crème anglaise en brique

5 cl d'eau

2 feuilles de gélatine

5 cl de sirop de canne ou 50 g de sucre glace

100 g de coulis de framboises

1 Faites ramollir 2 feuilles de gélatine dans un bol d'eau froide. Dans une petite casserole, faites bouillir 5 cl d'eau avec le sirop de canne.

2 Ajoutez la gélatine essorée, puis fouettez. Laissez tiédir, et mélangez le tout avec le coulis de framboises bien froid.

3 Mélangez, à l'aide d'un petit fouet, la crème anglaise et le coulis de framboises. Passez au tamis. Versez le tout dans le siphon. Vissez 1 cartouche de gaz et laissez reposer 2 heures au réfrigérateur.

4 Répartissez les framboises dans les verres. Agitez le siphon, complétez avec la mousse de framboises.

Gourmandise de mûres

coût bon marché • assez facile à réaliser • préparation : 25 min • réfrigération : 1 h •
cuisson : 25 min • pour 12 cuillères

4 verres

2 saladiers

1 emporte-pièce rond
de 5 cm de diamètre

1 plaque à pâtisserie

1 siphon de 0,5 l

1 cartouche de gaz

250 g de mûres fraîches

Pour les sablés bretons :

120 g de farine

80 g de beurre

40 g de sucre

1 sachet de sucre vanillé

1/2 sachet de levure
chimique (5 g)

1 pincée de sel

1 jaune d'œuf

**Pour la chantilly
de mûres :**

20 cl de crème liquide

2 cuil. à soupe de gelée
de mûre

1 Dans un saladier, déposez le beurre découpé en dés, ajoutez la farine, le sucre, la levure, le sucre vanillé et le sel fin. Mélangez du bout des doigts (sablez). Incorporez le jaune d'œuf et formez une boule. Laissez durcir cette pâte quelques minutes au frais. Étalez la pâte sur 1 cm d'épaisseur, puis détaillez des ronds de 5 cm à l'aide d'un emporte-pièce. Déposez les sablés sur une plaque à pâtisserie en les espaçant légèrement. Faites-les cuire au four pendant environ 25 minutes à 150 °C.

2 Mélangez dans un saladier, avec un petit fouet, la crème liquide et la gelée de mûre. Sucrez et passez au tamis si nécessaire. Versez le tout dans un siphon. Vissez 1 cartouche de gaz. Laissez reposer au frais pendant 1 heure.

3 Concassez grossièrement les sablés. Lavez et égouttez soigneusement les mûres.

4 Garnissez les verres avec une couche de sablés concassés, puis une couche de mûres. Agitez le siphon et complétez avec la chantilly de mûres. Décorez avec quelques mûres.

variante
Remplacez les mûres par des myrtilles ou des fruits rouges.

truc de cuisinier
Doublez la recette des sablés bretons, ils sont excellents en accompagnement d'un café.

Index

infos mesures

	Farine	Sucre	Liqueur	Fécule	Vin/eau
1 cuil. à café rase = 1 teaspoon (tsp)	5 g	6 g	0,5 cl un trait	5 g	0,5 cl
1 cuil. à soupe rase = 1 tablespoon (TBSP) - ½oz	15 g	20 g	1,5 cl	15 g	1,5 cl

Collection Toquades de First

Pour tous les toqués de cuisine !

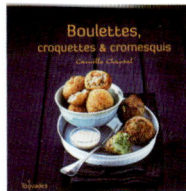

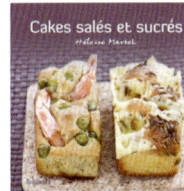

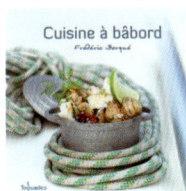

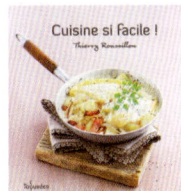

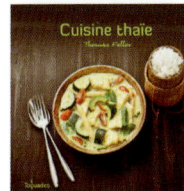

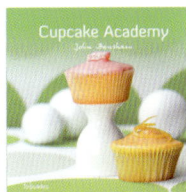

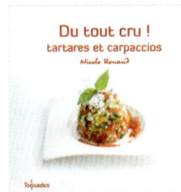

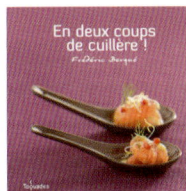

Au bon pain 100 % machine à pain *Philippe Chavanne*	**Bouillons si bons !** *Gala Rassemousson*	**Boulettes, croquettes & cromesquis** *Camille Chapel*	**Burgers, bagels & Co** *Caroline Wietzel*	**Cakes salés et sucrés** *Héloïse Martel*
C'est gratiné ! *Frédéric Berqué*	**Cheeeese... cake** *Julie Schwob*	**Chic, du chocolat !** *Maya Barakat*	**Cocottes minus !** *Frédéric Berqué*	**Complètement tarte !** *Caroline Wietzel*
Cookies, muffins & Co *Pascale Weeks*	**Cuisine à bâbord** *Frédéric Berqué*	**Cuisine à toute vapeur !** *Thierry Roussillon*	**Cuisine si facile !** *Thierry Roussillon*	**Cuisine thaïe** *Thomas Feller*
Cuisine 1, 2, 3... soleil ! *Frédéric Berqué*	**Cupcake Academy** *Julie Bestham*	**Douceurs de Noël** *Nicole Renaud*	**Du tout cru !** tartares et carpaccios *Nicole Renaud*	**Easy smoothies** *Olivier Bourgeon*
Effeuillez-moi ! *Marie-Claire Frédéric*	**En deux coups de cuillère !** *Frédéric Berqué*	**Espumas, chantilly & Cie**	**Foie gras follies !** *Nicole Renaud*	**Gaspachos & soupes froides** *Thomas Feller*

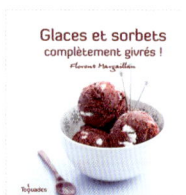
Glaces et sorbets
complètement givrés !
Florent Margaillan

Histoire d'œufs
Nicole Renaud

Ir-riz-istible !
Riz et risottos
Christian Cine

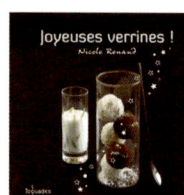
Joyeuses verrines !
Nicole Renaud

La crème des
panna cotta
Thomas Feller

La cuisine
des p'tits chefs
Thomas Feller

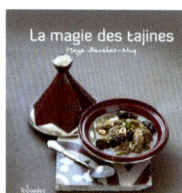
La magie des tajines
Maya Barakat-Nuq

L'apéro
en toute légèreté !
Caroline Wietzel

La ronde des macarons
Marie-Claire Frédéric

Légumes
anciens & oubliés
Marie Chemorin

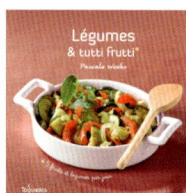
Légumes
& tutti frutti
Pascale Weeks

Les bricks, c'est chic !
Julie Schwob

Les cafés gourmands
Valérie Duclos

Les grands classiques
revisités
Frédéric Jaunault

Les petits pots de bébé
Arielle Rosin

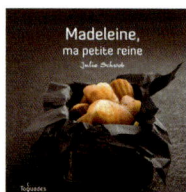
Madeleine,
ma petite reine
Julie Schwob

Mange ta soupe !
Frédéric Jaunault

Mes lasagnes
Valérie Duclos

Mes p'tits biscuits
Julie Schwob

Mes p'tits cannelés
Valérie Duclos

Mes p'tites confitures
Bernard Galvaout

Mille et une pâtes
Christian Cine

Mini-brochettes
Maya Barakat-Nuq

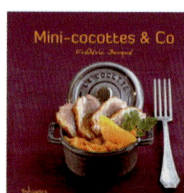
Mini-cocottes & Co
Frédéric Jaunault

Mini verres, maxi délices !
Frédéric Jaunault

Mon p'tit bistrot
Valérie Duclos

Oh mon gâteau !
Florent Margaillan

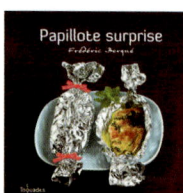
Papillote surprise
Frédéric Jaunault

Par ici les cocottes !
Thomas Feller

Pâtes à tartiner
maison
Marion Kaupee

Pâtisseries orientales
Maya Barakat-Nuq

Petites crèmes douceur
Frédéric Berqué

Petites crèmes et tiramisus !
Armand Baretto

Prenez-en de la graine !
Valérie Duclos

P'tits plats d'Italie
Christian Cino

Qu'est-ce que tu mijotes ?
Camille Chatrel

Raconte-moi des salades !
Caroline Wietzel

Ravioles & raviolis
Monique Tissot

Recettes pour bébé
Martine Weller

Recettes toutes légères
Frédéric Berqué

So crumble !
Julie Schwob

Soufflés légers, légers
Florent Margaillan

Soupes !
Nicole Renaud

Sur un air de cappuccino
Hélène Martel

Sushi & sa chimie
Sushi Shop

Tartines craquantes
Thomas Feller

Tartes & pizzas
Thierry Roussillon

Tout fait maison
Nathalie Cahet

Tronche de cake
Marion Kaeuper

Tu viens prendre l'apéro ?
Virginie Michelin

Ultra-fondant
Marie-Claire Frédéric

Une cuillère pour maman
Axelle Rosin

Un étudiant, ça mange énormément
Thierry Roussillon

Verrines jolies, jolies
Florent Margaillan

Verrines qui friment
Thomas Feller

Whoopie pies
Gwen Rassemusse

Wok attitude
Thomas Feller

Yakitori entre amis
Marie Chemorin

Yaourts tout doux
Caroline Wietzel

Toquades

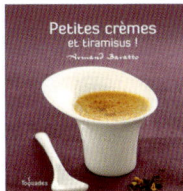

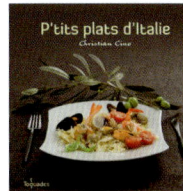

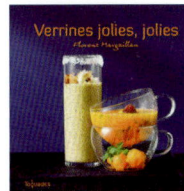

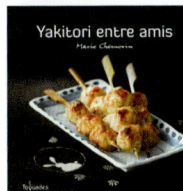

Et maintenant disponible sur l'App Store : l'application « Toquades » pour emmener avec vous encore plus de recettes 100 % gourmandise !